AF399768

EL CRAC BURSÁTIL DE 1987

Un seísmo en el mundo de las finanzas

Por Patrice Moine
Traducido por Laura Bernal Martín

Economía y empresa 50MINUTOS.es

LAS CLAVES PARA EL ÉXITO

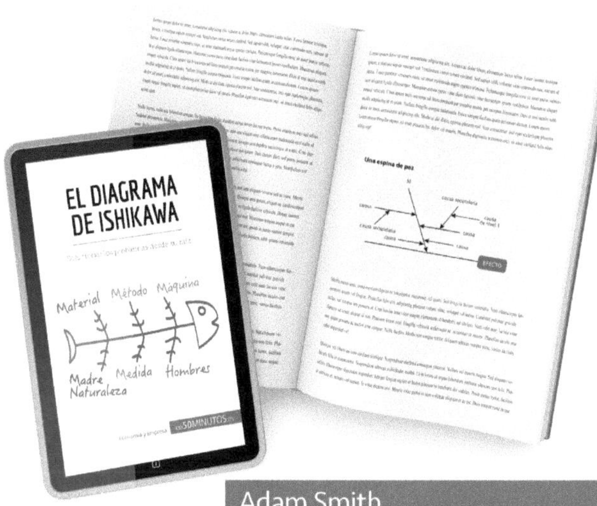

Adam Smith

El principio de Pareto

El estrés laboral

La pirámide de Maslow

www.50minutos.es

EL CRAC BURSÁTIL DE 1987

UN SEÍSMO EN EL MUNDO DE LAS FINANZAS

- **¿Cuándo?** El 19 de octubre de 1987.
- **¿Dónde?** En la Bolsa de Nueva York, en los Estados Unidos.
- **¿Contexto?** En un contexto de burbuja especulativa, el inesperado anuncio de un déficit comercial estadounidense preocupa seriamente a los inversores y conlleva una presión a la baja en los precios de las acciones.
- **¿Protagonistas?**
  - Ronald Reagan (1911-2004), 40.º presidente de los Estados Unidos de 1981 a 1989. Desde el momento en que toma el cargo en enero de 1981, decide poner en marcha un programa de reducción de impuestos con el fin de favorecer el crecimiento económico. Entonces, bajo su mandato, las bolsas mundiales van a experimentar un continuo crecimiento.
  - Paul Volcker (nacido en 1927), economista

estadounidense y presidente de la Reserva Federal de los Estados Unidos (Fed) de 1979 a 1987. Lucha contra la inflación aumentando los tipos de cambio de la Fed.

○ Alan Greenspan (nacido en 1926), economista estadounidense y presidente de la Reserva Federal de los Estados Unidos de 1987 a 2006. Apoya a los bancos durante el periodo de mayor gravedad de la crisis de 1987 proporcionándoles liquidez.

- **¿Palabras clave?**
  ○ <u>Dow Jones</u>: creado en 1884, el Dow Jones es el índice bursátil más antiguo del mundo. Aunque solo cuenta con 30 empresas, se trata de toda una referencia en la Bolsa de Nueva York.
  ○ <u>Operaciones bursátiles o *trading*</u>: actividad de negocio sobre los mercados financieros, llevada a cabo por los operadores financieros (*traders* en inglés).
  ○ <u>Especulación</u>: operación financiera arriesgada que consiste en anticipar las fluctuaciones del mercado comprando un bien con el objetivo de revenderlo posteriormente con un beneficio.
  ○ <u>Lunes negro o Black Monday</u>: día en el que

el índice Dow Jones de la Bolsa de Nueva York se desploma un 22,6 %, la mayor caída jamás registrada en el mercado de acciones de Nueva York.

Todos recordamos un acontecimiento que se ha inscrito como referencia en la historia y en el pensamiento colectivo: la dura crisis financiera de 1929 —con el famoso jueves negro del 24 de octubre— que golpea a la Bolsa de Nueva York y sume al país en la Gran Depresión antes de propagarse por todo el mundo.

Casi 58 años exactos después de esta primera crisis, el mundo financiero se ve afectado por un segundo crac bursátil. En un momento en que se disfruta de una cierta prosperidad económica, una oleada de pánico se apodera de la Bolsa de Nueva York el lunes 19 de octubre de 1987: los ordenadores a penas logran seguir un número demasiado elevado de transacciones, las cotizaciones se hunden y el Dow Jones pierde un 22,6 % de su valor en un solo día.

Esta caída de la principal bolsa mundial contagia al resto de bolsas repartidas por todo el mundo y, enseguida, las principales plazas bursátiles se ven afectadas, llegando incluso a registrar una pérdida media de un 25 % solamente durante el día del 19 de octubre:

- la Bolsa de Hong Kong se cierra durante una semana, y calcula una caída de un 45 % a finales del mes de octubre;
- la Bolsa de Londres cae un 26 %;
- la de Sídney cae un 25 %;
- la de Toronto cae un 22 %;
- la de Tokio cae un 15 %;
- la de París «solo» cae un 9 %, pero el descenso continuará a lo largo de los días siguientes.

Lo que sorprende a todos los actores del sector financiero es lo inesperado del crac: desde 1982, el mercado estadounidense experimenta un crecimiento constante y vive un fasto periodo que permite calificarlo como *bull market* (o mercado alcista, es decir, mercado en el que los valores están al alza). La euforia y la confianza reinan, mientras que la exaltación en expansión permite considerar un mundo de posibilidades. Lo que llevará el sector a la pérdida será el alejamiento progresivo de los mercados financieros de la economía real, favoreciendo cada vez más los mecanismos especulativos.

Al final, la caída de las cotizaciones será, a nivel global, dos veces más grave en términos porcentuales que la de la crisis de 1929. Sin embargo, sus consecuencias se revelarán mucho menos trágicas para la economía mundial real.

LAS GRANDES CRISIS FINANCIERAS DE LA HISTORIA

El 24 de octubre de 1929 —día conocido como el jueves negro—, tiene lugar el famoso crac de 1929. El lunes siguiente, el índice Dow Jones pierde un 13 % de su valor, en una caída que continuará acentuándose inexorablemente durante los siguientes días.

El 19 de octubre de 1987 se convertirá en el lunes negro, día en el que Dow Jones cae más de un 22 % —un récord que supera el de la crisis de 1929—, arrastrando en su caída al resto de bolsas mundiales.

En marzo del año 2000, el estallido de la burbuja especulativa de los valores tecnológicos hace recular en un 27 % en tan solo dos semanas al índice estadounidense Nasdaq, destinado a las empresas con alto potencial de crecimiento, sobre todo en el sector de las nuevas tecnologías.

En 2008, la crisis de las hipotecas basura, relacionada con los incumplimientos en los pagos de préstamos hipotecarios de riesgo en los Estados Unidos, conlleva el hundimiento de los mercados internacionales en más de un 30 %.

CONTEXTO

LA RENOVACIÓN DE LOS MERCADOS DE VALORES

Las salas de operaciones

Las salas de operaciones aparecen a finales de la década de 1970 en los Estados Unidos, y se establecen en Europa a partir de 1982, con la sala parisina del Banco Indosuez. Consisten en un gran espacio abierto que acoge a los equipos que realizan operaciones bursátiles e inversiones financieras. Aunque se reagrupa a los operadores de los distintos mercados, también hay ingenieros financieros e informáticos.

Por ejemplo, la sala de operaciones de UBS, sociedad suiza de servicios financieros, cuenta con 1400 puestos de trabajo y 5000 pantallas repartidas en 10 000 metros cuadrados.

El desarrollo de las salas de operaciones va de la mano de la microinformática y de las estaciones de trabajo (superordenadores que emplean *software* multiventana). Estas herramientas permiten aumentar considerablemente la velocidad y el volumen de tratamiento de los datos, y cambiarán el estado de las cosas de forma bastante drástica.

EL COMERCIO INFORMÁTICO

El periodo precedente al crac es testigo del surgimiento de progresos tecnológicos de la informática que permiten el comercio informático (*computer trading* en inglés), es decir, los intercambios realizados automáticamente por ordenador. Estas nuevas herramientas, con efectos poco regulados, contribuyen sin duda alguna a la crisis que se está gestando, aunque no son la única causa.

Dos cambios principales han revolucionado el funcionamiento técnico de los mercados financieros:

- su informatización con el uso de los ordenadores;
- y la desmaterialización de las órdenes de comercio, que permiten transmitir órdenes a tiempo real.

La toma de decisiones referidas a las compras y a las ventas de los valores inmobiliarios se vuelve ahora automática e inmediata. Por tanto, es el propio ordenador el que, según modelos preestablecidos y programados de los comportamientos que tiene que adoptar, va a tomar las decisiones de compra y de venta de títulos y transmitir las órdenes bursátiles de manera instantánea.

Los ordenadores pueden decidir y ejecutar las órdenes en tiempo real, tratar volúmenes inaccesibles a la mano humana, y abstraerse de sentimientos y dudas. Por el contrario, para estos autómatas no existe la intuición ni la experiencia, que son, sin embargo, dos características esenciales en las inversiones bursátiles.

La Bolsa de París

Hasta 1987, la Bolsa de París se encuentra en el palacio Brongniart, y las transacciones se efectúan en el mismo aún a viva voz. Ese año acaba marcando el fin de una época, la que ve la desaparición de las cotizaciones de las acciones de las grandes empresas en el Corro, la célebre balaustrada recubierta de terciopelo rojo en la que se apoyaban los agentes de cambio que disponían del monopolio legal de las negociaciones.

A partir de ese momento, la Bolsa se informatiza y el sistema del CAC (Cotización Asistida Continua) se pone en marcha. Un año más tarde, el monopolio legal de los agentes de cambio también acaba, provocando su desaparición y su reemplazo por la Sociedad de Bolsas Francesas (SBF).

Hasta noviembre de 1984, los títulos y sus posesiones son materializados a través de un documento que representa una parte del capital de las empresas cotizadas, un papel lleno de pequeños rectángulos que simbolizan los cupones que autorizan el pago (eventual) de los dividendos. Estos documentos van dirigidos al «portador», por lo que pertenecen a la persona que los posee.

A partir de esa fecha, las inscripciones en cuenta reemplazan el sistema de las acciones en papel. Euroclear France, S. A. gestiona la totalidad de los títulos en circulación y contribuye a la fluidez del mercado. La bolsa se convierte en una sociedad en línea que abre la puerta a la negociación de importantes volúmenes.

UNA VOLUNTAD DE ESTABILIZA-CIÓN DE LOS TIPOS DE CAMBIO

Desde los años 1982, sobre todo debido a estos progresos tecnológicos, las principales bolsas mundiales experimentan una importante fase de calma, incluso de euforia. Cabe remarcar que, durante este periodo, la Bolsa de París mejora en un 330 % y la de Londres en un 250 %, mientras que la de Nueva York experimenta un incremento del 190 %.

Sin embargo, durante el mismo periodo, no todo es color de rosa. En los Estados Unidos, Paul Volcker, presidente de la Reserva Federal de los Estados Unidos (Fed) —la institución que administra la moneda estadounidense— desde 1979, nombrado por Jimmy Carter (nacido en 1924) y después confirmado por Ronald Reagan, decide en junio de 1981 aumentar de nuevo los tipos de interés del Banco Central para luchar contra una inflación que se vuelve preocupante.

Como consecuencia, la cotización del dólar aumenta, y lo hace durante varios años, con el apoyo de la opinión política de los dirigentes estadounidenses, según la cual un dólar fuerte ilustra la confianza del resto del mundo en la economía estadounidense, así como la creencia en los beneficios de la fijación libre de los tipos de cambio. No obstante, aunque este dólar fuerte regula la inflación, también provoca una desaceleración del crecimiento económico. Las inversiones, que se vuelven poco rentables en una economía real estancada, se orientan entonces a un sector financiero cada vez más especulativo, lo que contribuye a un aumento de las cotizaciones de la bolsa que no se corresponde a la realidad de la economía.

Los Acuerdos Plaza

En septiembre de 1985, los Acuerdos Plaza, que reúnen a los Estados Unidos, Japón, la República Federal de Alemania, Francia y Gran Bretaña son firmados en el hotel Plaza de Nueva York: se ha formado el G5. Estos acuerdos tienen como objetivo estabilizar los valores relativos de las divisas sobre el mercado bursátil regulando los mercados por medio de los bancos centrales.

En efecto, el dólar ha aumentado en un 44 % desde 1980. Las consecuencias directas de esta situación son la degradación de la balanza comercial de los Estados Unidos, al tiempo que los productos estadounidenses pierden atractivo en los mercados mundiales. El déficit comercial de los Estados Unidos pasa de 112 mil millones de dólares en 1984 a 122 mil millones de dólares en apenas un año. De esta forma, las condiciones propicias para una inestabilidad de los mercados financieros se instalan poco a poco.

Así pues, los Acuerdos Plaza determinan un principio de intervención sobre el mercado para depreciar la cotización del dólar en relación con las dos divisas fuertes de la época: el marco alemán y el yen. Estas decisiones dan sus frutos, sobre todo gracias al mantenimiento de las divisas en algunas horquillas de tipos de cambio: las cotizaciones del dólar que se habían disparado se reequilibran en apenas dos años. El dólar se deprecia en un 40 % durante este período: pasa de 9 a 5 francos franceses y de 260 a 150 yenes.

Los Acuerdos del Louvre

No obstante, en febrero de 1987, las autoridades reunidas para los Acuerdos del Louvre desean estabilizar la situación de los tipos de cambio y detener la caída continua del dólar que han provocado los Acuerdos Plaza. Entonces se reúnen los Estados Unidos, Japón, Alemania, Francia, el Reino Unido y Canadá (es decir, los países del G7, menos Italia, que no quiso firmar el acuerdo final). Los intervinientes se comprometen a llevar a cabo políticas monetarias más honestas:

- los Estados Unidos deben reducir sus gastos y dominar su déficit comercial;
- Japón debe moderar su excedente presupuestario;
- Gran Bretaña debe moderar su gasto público;
- Francia también tiene que atajar su déficit público.

Los objetivos de las cotizaciones se expresan a partir de ahora en forma de horquillas, de sistemas de zonas designadas en las que se quiere que se inscriban las divisas, lo que creará en efecto las condiciones para una estabilidad relativa de los tipos de cambio.

A pesar de la definición secreta —para frustrar la especulación—, en los Acuerdos del Louvre, de modalidades de intervención como las que hay entre el dólar y el yen (que son especialmente precisas), los participantes serán rápidamente arrinconados por nuevos acontecimientos externos.

El fracaso del intento

Alemania, en plena reunificación, teme ante todo la inflación, por lo que decide aumentar las tasas para luchar contra esta inflación. Por su parte, el dólar no logra quedarse en los límites que se le han impuesto y continúa depreciándose en relación con las divisas europeas. Bajo esta presión, los principales protagonistas se alejan en seguida de sus objetivos, y el Acuerdo del Louvre se rompe solo ocho meses después de su firma. Este fracaso abre la puerta a graves desórdenes que conducirán al crac de octubre de 1987.

Japón, por su parte, también entra en un periodo turbulento. El país, dotado hasta entonces de una economía fuertemente exportadora, ve cómo la caída sostenida del dólar afecta a su ahorro en esta divisa. Como consecuencia, hace que se produzca un aumento brusco en la cotización de las inversiones en acciones y en el sector inmobiliario. Es el comienzo de una burbuja especulativa japonesa, que explotará diez años más tarde y llevará a que el país entre en una década de estancamiento económico.

- 26 -

LA BURBUJA ESPECULATIVA

Una burbuja especulativa es un «pico» en el valor de los títulos de un sector económico concreto en el que los operadores del mercado emprenden anticipaciones demasiado optimistas. Los volúmenes de las transacciones se disparan, el número de compradores excede enseguida el de vendedores y los precios superan exageradamente el valor intrínseco real del sector.

UN CONTEXTO GEOPOLÍTICO PREOCUPANTE

Finalmente, en el plano geopolítico, la guerra de Irán-Irak estalla en septiembre de 1980. Irak, dirigido por Sadam Husein (presidente iraquí, 1937-2006), teme la llegada al poder en Irán del ayatolá Jomeini (1902-1989) y busca reemplazar a este país como potencia dominante de la región. También agrede a Irán en un ataque de gran amplitud que quiere ser fulgurante. La guerra no terminará de verdad, tras devastadores conflictos, hasta ocho años más tarde.

Sadam Husein, que al principio presenta el conflicto como la defensa del mundo árabe ante la revolución iraní de Jomeini, hace que los Estados Unidos, Gran Bretaña, Italia y Francia apoyen logísticamente a Irak, mientras que Irán e Irak se lanzan a la llamada «guerra de los petroleros», que amenaza en el golfo Pérsico el transporte petrolífero, vital para los países occidentales.

Estos acontecimientos ponen muy nerviosos a los mercados financieros: la amenaza de una respuesta de Irán tras la destrucción de algunas de sus plataformas petrolíferas en 1987 y en 1988 por parte de la marina estadounidense planea sobre Nueva York.

DESARROLLO DE LA CRISIS

Después de los Acuerdos Plaza, cuyo éxito cabe destacar, y más tarde los del Louvre, con resultados decepcionantes, la economía estadounidense, aprovechando el repliegue de cerca de un 50 % del dólar, experimenta una impresionante fase de desarrollo.

Esta mejora de la situación genera un alza de la inflación hasta tal punto que se teme una intervención del Banco Central para corregir los tipos de interés. En efecto, estos aumentan a toda velocidad en el mercado de bonos desde 1987. El resultado es que las obligaciones del Estado estadounidense se volverán en seguida más ventajosas para los operadores financieros que el mercado de acciones, amenazando a este último con el hundimiento.

¿ACCIÓN U OBLIGACIÓN?

Una acción es un título de propiedad que

representa una fracción del capital social de una empresa. Cuando esta empresa entra en bolsa, sus acciones se cotizan en los mercados financieros. En función de los resultados anuales de la empresa, su asamblea general puede votar la atribución de un dividendo.

Una obligación no es un título de propiedad, sino un título de deuda, es decir, una parte de la deuda de una sociedad que se obliga a reembolsar, por ejemplo, a un banco. El valor de la obligación varía con el paso del tiempo, ofreciendo la esperanza de una plusvalía, pero también el riesgo de la depreciación.

Alemania, por su parte, decide de manera unilateral reevaluar sus tasas. Esto es un escándalo para las autoridades estadounidenses, que van a tener que dejar que el dólar se devalúe en relación con el marco.

En octubre de 1987 se encadenan una serie de acontecimientos en Wall Street que van a conducir al crac.

EN WALL STREET

EL FUNCIONAMIENTO DE LA BOLSA

La bolsa de valores permite determinar, de forma autónoma, un precio para las acciones de las sociedades que cotizan en la misma. Este precio varía con el paso del tiempo, ya que resulta de una confrontación entre la oferta (las proposiciones de los vendedores) y la demanda (las de los compradores).

Los inversores, que desean adquirir participaciones de una sociedad que cotiza, toman su decisión en función del análisis técnico de la sociedad y de la cotización determinada por la cotización en bolsa. Todo acontecimiento que afecta la vida de las empresas, como anuncios políticos, noticias económicas o riesgo de conflictos, influirá en la apreciación de los inversores y es susceptible de provocar un cambio en la cotización de los valores cotizados en la bolsa, tanto al alza como a la baja.

El miércoles 14 de octubre de 1987, en el mismo

momento en que se anuncia un déficit del comercio exterior de los Estados Unidos más importante de lo previsto para el mes de agosto y que preocupa seriamente a los inversores (porque significa que los Estados Unidos viven muy por encima de sus posibilidades), el mercado financiero estadounidense comienza a bajar, una tendencia que se confirmará durante el resto de la semana. El dólar baja, la tasa de interés aumenta y la presión a la baja sobre los precios de las acciones se intensifica, provocada por una actividad poco habitual de los aseguradores de carteras.

El jueves 15 de octubre de 1987, los mercados continúan cayendo. Esta bajada se atribuye a la preocupación de los fondos de pensión y de los inversores privados, que prefieren refugiarse en el mercado de bonos. Durante la última media hora del día se intensifica un importante movimiento de venta.

El viernes 16 de octubre de 1987, el mercado no acaba de hundirse y la angustia de los operadores se disipa. Entonces los intervinientes se dirigen al mercado a término, es decir, el mercado en el que se negocian activos que solo serán pagados y entregados en un plazo futuro ya determinado. En él, venden contratos para protegerse contra la depreciación de las existencias. Al hacerlo, se crea una brecha entre los valores del mercado a término y el de sus valores de referencia: se hace que el valor de las acciones baje. Los operadores aprovechan esta divergencia para vender sus acciones y comprar títulos a término.

La presión a la baja se acentúa en el mercado estadounidense y, a finales del viernes, el hundimiento ya es uno de los más graves de las últimas décadas. Durante ese día, el índice Dow Jones cae 108 puntos, es decir, un 4 % de su valor: un nivel de caída que nunca antes se había alcanzado.

Un elemento suplementario agrava la situación de forma inesperada: los sistemas informáticos, que nunca se habían enfrentado a una situación parecida, venden automáticamente y sin interrupción las plazas vigiladas, e incluso forman bloqueos para la ejecución de órdenes, lo que provoca una acentuación en la caída de los precios.

Las bolsas asiáticas siguen el ejemplo. Mientras que la Bolsa de Tokio cae un 2,5 %, la de Singapur se hunde, mientras que la de Hong Kong cae en más de un 11 % durante ese día y debe cerrarse durante toda la semana. Las bolsas europeas sufren la misma suerte: París cae un 6 % durante la sesión, Fráncfort un 7 % y Londres un 11 %.

Las siguientes tablas describen la evolución de los índices bursátiles de los principales países afectados desde 1981 hasta 1988, poco después del crac. En el eje de ordenadas se indica el valor del índice bursátil.

Nueva York

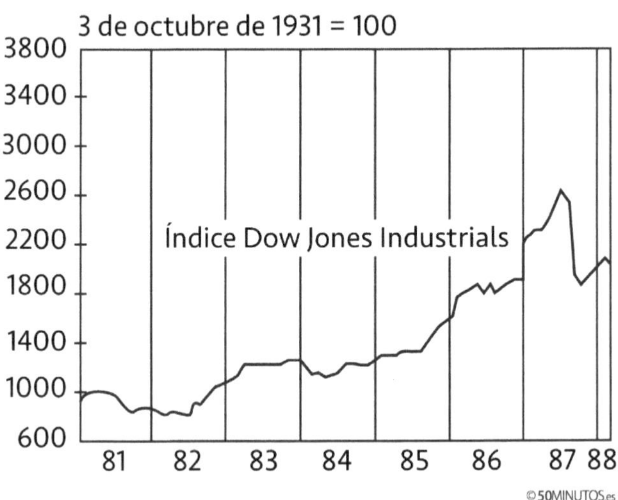

Tokio

16 de mayo de 1949 = 176,21
32 000
27 500
23 000
18 500
14 000
9500
5000
Índice Nikkei
81 82 83 84 85 86 87 88
© 50MINUTOS.es

París

31 de diciembre de 1981 = 100
500
425
350
275
200
125
50
Índice CAC
81 82 83 84 85 86 87 88
© 50MINUTOS.es

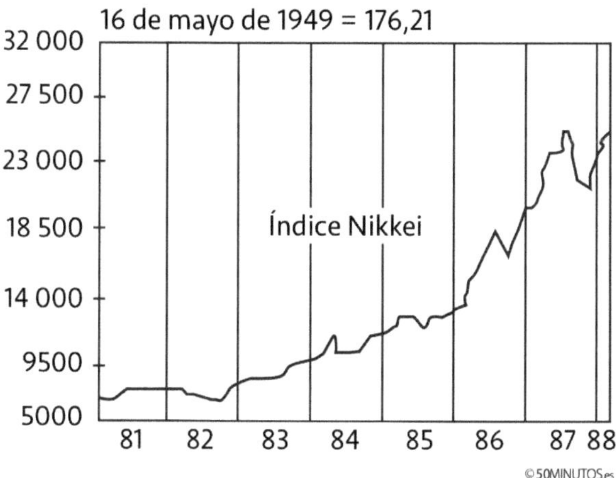

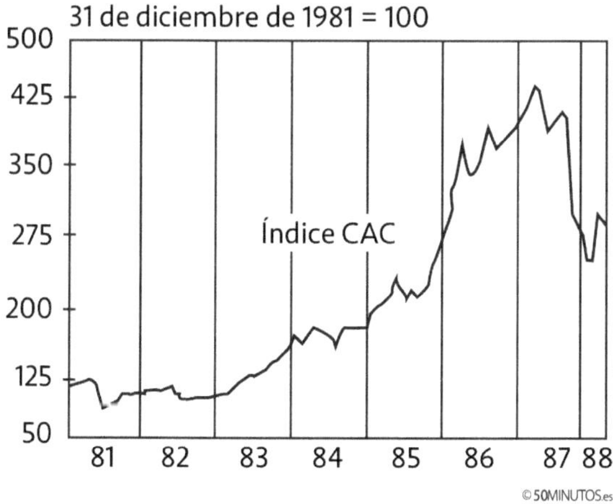

Fráncfort

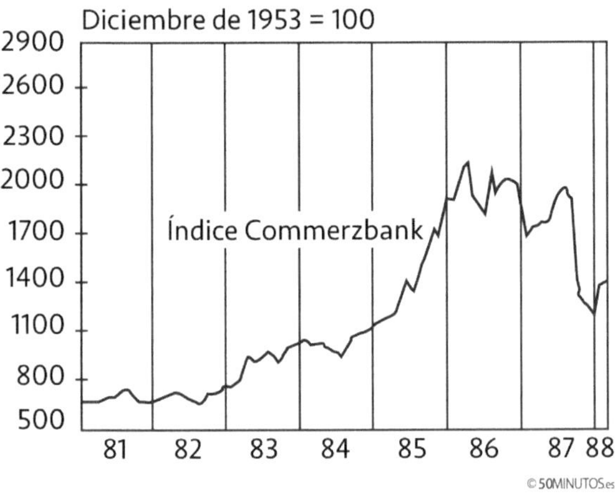

Londres

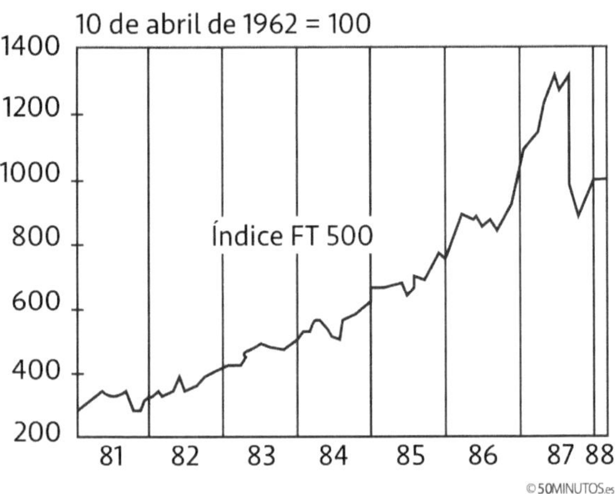

La mañana del lunes 19 de octubre de 1987, cuando se abre la Bolsa de Nueva York, todos los operadores financieros se muestran preocupados, y se hace patente un gran desequilibrio entre el volumen de las órdenes de venta y las de compra. Además, muchos especialistas no abren durante la primera hora, lo que permite en un primer tiempo tomar perspectiva. Once de las treinta acciones de Dow Jones aún no han sido cotizadas.

En cambio, el mercado a término comienza la cotización y se hunde inmediatamente. Se crea una brecha entre el valor de las existencias y el de sus contratos a término. Cuando las acciones se han cotizado finalmente, lo han hecho para venderse considerablemente por debajo de los precios esperados. Los operadores compran entonces contratos a término para cubrirse las espaldas. Existe una gran confusión, y el volumen de ventas que tienen lugar es significativo. Unos minutos más tarde se publican las cifras del déficit comercial estadounidense, y es la señal del hundimiento: el lunes negro entra en la historia.

Una hora después del inicio de la sesión, nos encontramos a 100 puntos de pérdidas. En el

Dow Jones se respira miedo. Parece que el hundimiento de los títulos no va a parar, y las autoridades se llegan incluso a plantear el cierre de la Bolsa de Nueva York. El récord del número de transacciones preocupa y ralentiza todos los sistemas. Las ejecuciones de las órdenes tienen más de una hora de retraso, y ya no se sabe si han sido ejecutadas o no. Una gran institución presiente el hundimiento de las cotizaciones y vende por bloques imponentes masas de títulos. A partir de las 10 de la mañana, realiza 13 cesiones de grandes bloques de acciones por 100 millones de dólares cada uno y por un total de 1,1 mil millones de dólares durante el día. Muchos especialistas intentan comprar ya por la mañana para apoyar las cotizaciones de los valores y evitar la crisis, pero los precios se han derrumbado, por lo que no pueden continuar.

Al final de la jornada, se constatará una caída del 22,6 % de los valores bursátiles del Dow Jones. El índice, que ya perdía puntos desde el miércoles, se ha derrumbado, pasando de 2246 puntos a 1738, lo que significa una pérdida de 508 puntos. Ese día, se evapora un billón de dólares durante la negociación de 600 millones de acciones, algo que simplemente nunca había ocurrido desde la creación del índice Dow Jones. Para hacer memoria, durante el crac de 1929, la jornada del lunes 28 de octubre había provocado una caída del 13 %, es decir, de casi un 50 % menos que la de 1987.

Una preocupación justificada

Alan Greenspan, el nuevo presidente de la Fed desde agosto de 1987, comunica su inquietud el 19 de octubre de 1987 en sus memorias publicadas en 2007, *La era de las turbulencias*. Esa mañana, en vista del desastre, se plantea anular su viaje a Dallas (Texas). Sus asesores le disuaden de ello, por miedo a que este cambio de programa aumente aún más la preocupación de los operadores financieros y complique todavía más la situación.

La leyenda cuenta que, cuando baja del avión y se informa esa misma tarde del estado de la bolsa, se le responde «cinco cero ocho». En ese momento, Greenspan entiende que se refieren a «5,8 %», pero en realidad se trata de «508», los 508 puntos perdidos por el índice Dow Jones.

EN EL RESTO DEL MUNDO

Ese mismo día, cuando se abren las principales bolsas mundiales, todas están perdiendo velocidad: Sídney acusa una caída del 25 %, Tokio del 15 %, Londres del 12 % y París del 10 %.

En la capital francesa, la liquidación de octubre (es decir, el momento de la resolución de todas las operaciones llevadas a cabo entre compradores y vendedores siguiendo los reglamentos que se habían diferido al final del mes) experimentará un saldo negativo del 22 %.

El cierre de la bolsa estadounidense la tarde del 19 de octubre marca el fin de este lunes negro y permite que todos recuperen la cordura tras una jornada agotadora. Al día siguiente, ante la apertura del mercado, la Fed publica una declaración de su presidente Alan Greenspan: «La Reserva Federal, en coherencia con sus responsabilidades como banco central de la nación, confirma hoy que está lista para servir como fuente de liquidez para apoyar el sistema económico y financiero» (Jaramillo 2016).

La Bolsa de Nueva York se recupera desde el

momento de su apertura, estimulada por esta manifestación de apoyo y a pesar de las caídas repentinas de los mercados bursátiles extranjeros durante la noche. No obstante, la situación sigue siendo precaria y una parte de las cotizaciones de acciones sigue cerrada. Esa misma tarde nace un movimiento de alza sostenida apoyado por las propias empresas, que quieren así mantener la demanda de sus acciones.

Es evidente que la ola de pánico y de preocupación que sacude el mercado, sumado a un cierto comportamiento gregario de los operadores financieros, son factores psicológicos que tienen una influencia determinante en el desarrollo de la crisis. En ese punto, las cotizaciones de los valores no eran demasiado significativas, ya que una importante cantidad de valores no se habían abierto al principio de la cotización y no tenía sentido querer obtener datos fiables en ese ambiente tan cambiante. Los rumores persistentes de cierre del mercado, incluso si esto no llega a darse, además de la información incompleta, no hacen más que ampliar el fenómeno. Algunos, siempre oportunistas, buscan liquidar sus posiciones a cualquier precio.

Al final, después de la crisis, muchos operadores financieros se dan cuenta de que reaccionaron teniendo más en cuenta las fluctuaciones de los precios y su instinto que cualquier información pertinente.

REPERCUSIONES

Un día después del lunes negro, la política determinada y voluntarista de apoyo a los bancos de la Fed permitirá que el desastre no se propague más, al contrario de lo que sucedió con la crisis de 1929. Esto le valdrá a la Reserva Federal el apodo «prestamista de último recurso». Al mismo tiempo, la Fed compra millones de dólares de bonos del Tesoro para que la tasa de interés descienda. El presidente Ronald Reagan también se suma a esta batalla en el plano político, prometiendo trabajar con el partido demócrata para reducir un déficit presupuestario astronómico.

Gracias a estas reacciones rápidas, a pesar de la magnitud de la catástrofe, este primer crac de la época moderna no tendrá una incidencia mayor en la actividad económica.

En 1988, sacando una lección de estos acontecimientos, el Congreso de los Estados Unidos le pide a las autoridades de la Bolsa de Nueva York que se instituyan mecanismos de cortocircuito que permitan parar las negociaciones bursátiles cuando una caída del mercado supere el 10 %.

También se deberán realizar revisiones tecnológicas sobre los programas de los ordenadores en lo que se refiere a su enfoque de las operaciones bursátiles. Su programación, que al final sigue siendo poco aguerrida, ha generado en esta crisis órdenes de venta de forma descontrolada y masiva. El comercio informático, aunque no se le pueda acusar de ser el responsable del hundimiento de las cotizaciones durante la crisis, no deja por ello de desempeñar un papel importante, ya que genera de manera sistemática y masiva órdenes de «stop» y cede sistemáticamente las participaciones en cartera. Es necesario tener en cuenta este aspecto, incluso si los mercados financieros que no están informatizados también se han visto afectados.

La evolución de los acontecimientos mostrará la validez de las decisiones rápidas y determinadas de las autoridades del mundo financiero, bajo el impulso de Greenspan y de la Fed, ya que la crisis es reabsorbida un mes después de su brutal irrupción, y los mercados pueden seguir desarrollándose. Estas son las lecciones que hemos aprendido y retenido sobre esta crisis de 1987:

- la primera es que es necesario que intervinientes reputados actúen públicamente para defender y apoyar el mercado;
- la segunda es dinamizar la liquidez del mercado financiero. La bajada de las tasas de interés de la Fed ha permitido de esta manera apoyar la liquidez del sistema bancario, ya que la institución hace inmediatamente más flexibles las reglas referidas a la concesión de préstamos;
- además, la Fed también anima a los intervinientes operacionales del mercado, en concreto mediante la concesión de préstamos a los corredores de bolsa, para que puedan continuar trabajando con sus clientes sin demasiadas dificultades.

Estos esfuerzos han contribuido en gran medida a la convalecencia del mercado, duramente afectado durante las semanas posteriores a la crisis.

Sin embargo, no hay que olvidar las pérdidas astronómicas sufridas durante este crac, así como el despido de 15 000 personas en un sector industrial dañado. El banco estadounidense LF Rothschild tampoco se recuperará de esta crisis. Este especialista en ingeniería financiera que intervenía en todas las salidas a bolsa de empresas de nuevas tecnologías se declara en bancarrota en 1989. Sin embargo, a nivel global y en vista de la magnitud de las pérdidas sufridas, la economía real sufre poco impacto, y el crecimiento del mercado estadounidense seguirá siendo sostenido durante dos años.

EN RESUMEN

- La crisis del lunes negro de 1987 estalla de manera fulgurante e inesperada, pero es el resultado de la incapacidad que los operadores financieros de todo el mundo muestran durante los Acuerdos del Louvre que tienen lugar en París ese mismo año, en lo que se refiere a frenar eficazmente la caída continua del dólar y a estabilizar la situación de los tipos de cambio.

- En efecto, si la reunión en el hotel Plaza en 1985 permite a los principales operadores mundiales escucharse y alcanzar sus objetivos de estabilización de los valores relativos de las divisas, los Acuerdos de Londres en París en 1987, que están destinados a estabilizar la situación de los tipos de cambio y a frenar la caída continua del dólar, son incapaces de impedir la crisis en estado embrionario.

- Los programas informáticos de gestión de transacciones, desprovistos de protecciones, no son directamente responsables de la magnitud de la crisis, pero no hacen más que empeorar la situación, puesto que cantidades ingentes de órdenes se retrasan durante largos periodos, lo que deja a los operadores financieros en una situación de incertidumbre.

- Aunque con posterioridad se ofrecen elementos explicativos convincentes, la aparición de la crisis es súbita e inesperada, y por ello crea una ola de pánico en todas las bolsas mundiales. Durante el lunes negro, las autoridades se plantean incluso el cierre de la Bolsa de Nueva York.
- Muchos operadores financieros renuncian a obtener información fiable y reaccionan más a las fluctuaciones de los precios que a una información calculada. Los comportamientos gregarios en ausencia de toda visibilidad crean una ola de pánico irracional, empeorando la situación y haciendo que se vuelva incontrolable.
- El índice Dow Jones se hunde de 2246 a 1738 puntos, cayendo así en un 22,6 %. En esta única jornada del 19 de octubre de 1987, se evapora un billón de dólares, mientras que se negocian 600 millones de acciones.
- Todas las bolsas mundiales sufren las consecuencias de este hundimiento. Las bolsas de Tokio y de Singapur se hunden, mientras

que la de Hong Kong debe cerrar esa semana. Las bolsas europeas corren la misma suerte, perdiendo entre un 6 % y un 11 % durante la sesión.

- La Reserva Federal, a partir de la mañana siguiente a la crisis, actúa con vigor y determinación antes de la apertura de la Bolsa, permitiendo que los establecimientos bancarios se refinancien gracias a ella de manera inmediata y sin condiciones.

- Finalmente, a pesar de los temores, las consecuencias de la crisis para las empresas son reabsorbidas rápidamente en términos generales, y la economía real se ve poco afectada. Como si de un imprevisto se hubiera tratado, el mercado estadounidense sigue creciendo.

PARA IR MÁS ALLÁ

FUENTES BIBLIOGRÁFICAS

- Bathelot, Bertrand. 2015. "Pricing". *Définitions Marketing*. 14 de noviembre. Consultado el 10 de agosto de 2017. https://www.definitions-marketing.com/definition/pricing/

- Comparabourse, "Bulle spéculative". Consultado el 10 de agosto de 2017. http://www.comparabourse.fr/lexique/bulle-speculative.php

- Carlson, Mark. 2007. "A Brief History of the 1987 Stock Market Crash with a Discussion of the Federal Reserve Response". *Finance and Economics Discussion Series. Divisions of Research & Statistics and Monetary Affairs*. Washington D. C.: Federal Reserve Board. Consultado el 10 de agosto de 2017. https://www.federalreserve.gov/pubs/feds/2007/200713/200713abs.html

- Sigogne, Philippe, dir. 1988. "Le krach: avertissement sans frais". *Observations et diagnostics économiques. Revue de l'OFCE*, n.° 23, 5-104. Consultado el 10 de agosto de 2017. http://www.persee.fr/doc/ofce_0751-6614_1988_num_23_1_1133

FUENTES COMPLEMENTARIAS

- Le Huffington Post. 2009. "Histoire des krachs boursiers". *Le Huffington Post*. 23 de abril. Consultado el 10 de agosto de 2017. http://archives-lepost.huffingtonpost.fr/article/2009/04/23/1507752_histoire-de-krachs-boursiers-quelles-consequences-sur-l-economie-reelle.html

- FB Bourse.com. 2012. "Le krach boursier de 1987". *FB Bourse.com*. 9 de abril. Consultado el 10 de agosto de 2017. http://www.fb-bourse.com/krach-boursier-1987/

- Jaramillo, Carlos. 2016. "Se cumplen 29 años del 'lunes negro' de 1987: el Dow Jones se hundió un 23 %". *El Economista*. 19 de octubre. Consultado el 10 de agosto de 2017. http://www.eleconomista.es/mercados-cotizaciones/noticias/7901521/10/16/29-anos-del-lunes-negro-de-1987.html

- Victoroff, David. 2010. "Le lundi noir de 1987". *Valeurs Actuelles*. 22 de julio. Consultado el 10 de agosto de 2017. http://www.valeursactuelles.com/economie/2-le-lundi-noir-de-1987-27358